Я ЛЮБЛЮ ОСІНЬ
I LOVE AUTUMN

Шеллі Едмонт
Ілюстратор: Сонал Гойал

www.kidkiddos.com
Copyright ©2019 by KidKiddos Books Ltd.
support@kidkiddos.com

Translated from English by Yuliia Vereta
З англійської переклала Юлія Верета

Library and Archives Canada Cataloguing in Publication
I Love Autumn (Ukrainian English Bilingual Edition)/ Shelley Admont
ISBN: 978-1-5259-3318-9 paperback
ISBN: 978-1-5259-3319-6 hardcover
ISBN: 978-1-5259-3317-2 eBook

Please note that the Ukrainian and English versions of the story have been written to be as close as possible. However, in some cases they differ in order to accommodate nuances and fluidity of each language.

Маленький кролик Джиммі сидів на березі річки.

Jimmy, the little bunny, was sitting beside the river.

Був осінній день, і все навколо було одягнене в помаранчевий – його улюблений колір.

It was an autumn afternoon and everything around him was dressed in orange, his favorite color.

Він любив помаранчеву моркву, помаранчевий захід сонця і гарне помаранчеве листя.

He loved orange carrots, the orange sunsets and the beautiful orange leaves.

– Ходімо, Джиммі, – покликав його старший брат, – кинемо листя в річку і подивимося, чий листочок буде пливти швидше!

"Come, Jimmy," called his oldest brother, "let's throw leaves into the river and see whose leaf will move faster!"

– Який листочок ти вибираєш? – запитав його середній брат.

"What leaf do you choose?" asked his middle brother.

– Я візьму ось цей великий помаранчевий, – сказав Джиммі, піднімаючи листок із землі.

"I'll take this big orange one," said Jimmy, picking up the leaf from the ground.

– Мій буде червоним, – додав старший брат і взяв яскраво-червоний листочок.

"Mine will be red," added his oldest brother and took a bright red leaf.

Середній брат озирнувся навколо і підібрав красивий різнокольоровий листочок. Він був жовто-червоно-коричневий.

The middle brother looked around and picked up a beautifully-colored leaf. It was yellow, red and brown.

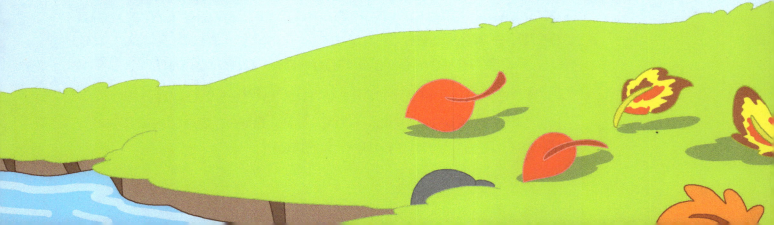

– Раз, два, три ... кидай! – крикнув старший брат, і всі три кролика кинули листочки у воду.

"One, two, three ... throw!" yelled the oldest brother and all three bunnies threw their leaves into the water.

Листя повільно пливло вниз по річці, а щасливі брати гналися за ним по берегу.

The leaves floated slowly down the river, while the happy brothers chased them along the riverbank.

– А тепер зробімо величезну купу листя, – запропонував старший брат.

"Now let's make a huge pile of leaves," suggested the oldest brother.

– А потім стрибнемо в неї! – радісно вигукнув Джиммі.

"And then jump in it!" exclaimed Jimmy happily.

Так, він любив осінь більше ніж будь-яку іншу пору року. Восени було так багато цікавих речей, які можна було робити.

Yes, he loved autumn more than any other season. There were just so many fun things to do.

Вони почали збирати листя в купу. Старший брат приніс кілька червоних листочків, а середній додав жовтих.

They started to pile up leaves. The oldest brother brought a few red leaves and the middle brother added yellow ones.

Джиммі зібрав усе помаранчеве листя, яке тільки зміг знайти, і поклав його на купу.

Jimmy picked up all the orange leaves he could find and put them on top of the pile.

– Раз, два, три ... стрибай! – крикнув старший брат, і три кролика стрибнули в купу.

"One, two, three … jump!" yelled the oldest brother and the three bunnies hopped into the pile.

Вони каталися по листю і підкидали його в повітря.

They rolled through the leaves and threw them up in the air.

Усюди літало помаранчеве, жовте та червоне листя.

All the orange, yellow and red leaves flew all over the place.

– Я люблю запах листя, – посміхнувся Джиммі, глибше занурюючись в купу.

"I love the smell of the leaves," smiled Jimmy, sinking deeper into the pile.

Раптом стало темно. Велика крапля впала Джиммі на лоб.

Suddenly it became dark. A big drop landed on Jimmy's forehead.

Старший брат подивився на небо.
– Нам краще повернутися додому, поки ми не промокли, – сказав він.

The oldest brother looked up at the sky. "We'd better get home before we get wet," he said.

– Раз, два, три ... побігли! – крикнув він, і брати помчали до будинку.

"One, two, three ... run!" he yelled, and the brothers started racing towards home.

Джиммі також кинувся бігти, але зупинився, побачивши на землі різнокольорове листя. Він почав підбирати його.

Jimmy began running too, but stopped when he saw some colorful leaves on the ground. He started to pick them up.

– Ходімо, Джиммі! Йде дощ! Що ти там робиш? – запитав старший брат.

"Let's go, Jimmy! It's raining! What are you doing there?" asked the oldest brother.

– Я просто збираю красиве листя для мами, – відповів Джиммі. – Я вже йду.

"I'm just picking some beautiful leaves for Mom," answered Jimmy. "I'm coming."

Як тільки два старших брата вбігли в будинок, почався проливний дощ. Джиммі був позаду та все ще збирав листя.

Just as the two oldest brothers ran into the house, heavy rain began pouring down. Jimmy was behind, still picking up leaves.

Він промок від кінчиків вух до кінчиків пальців ніг. Навіть його маленький хвостик промок, але це його не хвилювало.

He got wet from the tips of his ears to the bottom of his toes. Even his little tail got wet, but it didn't bother him.

У нього в руках було прекрасне листя для мами, і це робило його щасливим.

He had lovely leaves for Mom in his hands, and that made him happy.

– *Матусю! Матусю!* – *він схвильовано заволав, вбігаючи в будинок.*

"Mommy! Mommy!" he yelled with excitement as he ran into the house.

Мама сиділа на дивані у вітальні.

Mom was sitting on the couch in the living room.

– *Це для тебе!* – *вигукнув Джиммі, стрибаючи через кімнату і залишаючи калюжі на підлозі.*

"These are for you!" Jimmy exclaimed, jumping through the room and leaving puddles on the floor.

– О, сонечко! Дякую! Вони такі красиві, – сказала Мама.

"Oh, my sweetie! Thank you! They are so pretty," said Mom.

– Але хіба тобі не холодно, Джиммі? Подивися на свої вуха, вони всі мокрі, і хвіст теж!

"But aren't you cold, Jimmy? Look at your ears, they are all wet, and your tail too!"

– Мені не … ачхи! – Джиммі голосно чхнув.

"I'm not … achoo!" Jimmy sneezed loudly.

– Будь здоровий! – сказала Мама. – Я думаю, тобі слід зняти мокрий одяг і одягти теплий помаранчевий светр, який я зв'язала для тебе. Вечорами стає прохолодно.

"Bless you!" said Mom. "I think you should change out of your wet clothes and put on this warm orange sweater I knitted for you. The evenings are becoming chilly now."

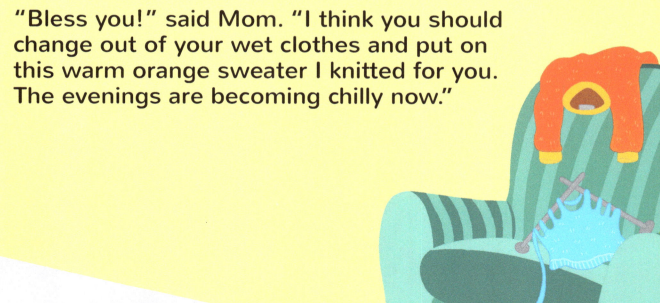

Джиммі одягнув свій новий помаранчевий светр. Його середній брат отримав новий зелений светр, а старший - синій.

Jimmy put on his new orange sweater. His middle brother got a new green sweater and his oldest brother got a blue one.

Незабаром уся сім'я зібралася у вітальні, дивлячись на дощ через велике вікно.

Soon all the family gathered in the living room, looking at the rain through the large window.

– Це так сумно, – сказав Джиммі, дивлячись, як мокре листя майорить на вітрі. – Тепер ми не можемо грати на вулиці. Що ж нам тепер робити?

"It's so sad," said Jimmy, watching the wet leaves blowing in the wind. "Now we can't play outside. What are we going to do?"

– Ми можемо разом спекти смачний яблучний пиріг, – запропонувала мама.

"We can make a delicious apple pie together," suggested Mom.

– Або ми можемо почитати книгу, – додав тато.

"Or we can read a book," added Dad.

– Я б краще склав пазл, – сказав середній брат.

"I would rather do a puzzle," said the middle brother.

Старший брат на мить задумався.
– А що, якщо ми зробимо це все? – вигукнув він.

The oldest brother thought for a moment. "What if we do all those things?" he exclaimed.

– Це чудова ідея, – сказала мама, киваючи. – Давай почнемо з яблучного пирога. Я принесу свою книгу рецептів.

"That's a wonderful idea," said Mom nodding. "Let's start with an apple pie. I'll bring my recipe book."

Вони всі взялися за роботу. Мама з татом нарізали великі червоні яблука, а брати змішали борошно і масло.

They all got to work. Mom and Dad cut up big red apples and the brothers mixed flour and butter.

– Це так весело! – сказав Джиммі, змішуючи інгредієнти для кірки у великій мисці.

"This is so much fun!" said Jimmy, mixing the crust ingredients in the large bowl.

– А коли він буде готовий, він буде такий смачний – сказала мама і поставила пиріг в духовку.

"And once it's ready, it will be so delicious," said Mom and put the pie into the oven.

– Поки він печеться, я міг би почитати вам усім книжку, – сказав тато.

"While it's baking, I could read you all a book," said Dad.

Він влаштувався на дивані зі своїми синами і великою барвистою книгою.

He settled on the couch with his sons and a large colorful book.

– А після цього ми могли б скласти пазл, – додав середній брат.

"And after this, we could do a puzzle," added the middle brother.

Коли настав вечір, брати лягли спати, і мама прийшла, щоб поцілувати їх на ніч.

When evening came, the brothers got into their beds and Mom came to give them a goodnight kiss.

– Це був чудовий день, – сказав Джиммі, коли мама накрила його ковдрою. – Я люблю осінь.

"It was a great day," said Jimmy as Mom covered him with his blanket. "I love autumn."

Він позіхнув, закрив очі і швидко заснув, щоб незабаром прокинутися в черговий помаранчевий день.

He yawned, closed his eyes and quickly fell asleep, soon to wake up to another orange day.

CPSIA information can be obtained
at www.ICGtesting.com
Printed in the USA
LVHW071914110322
713251LV00031B/2307

9 781525 933189